BEI GRIN MACHT SICH IHR WISSEN BEZAHLT

- Wir veröffentlichen Ihre Hausarbeit, Bachelor- und Masterarbeit

- Ihr eigenes eBook und Buch - weltweit in allen wichtigen Shops

- Verdienen Sie an jedem Verkauf

Jetzt bei www.GRIN.com hochladen und kostenlos publizieren

Roland Althaus

State-of-the-Art Energiemanagement in der Praxis

GRIN Verlag

Bibliografische Information der Deutschen Nationalbibliothek:

Die Deutsche Bibliothek verzeichnet diese Publikation in der Deutschen National-
bibliografie; detaillierte bibliografische Daten sind im Internet über http://dnb.d-
nb.de/ abrufbar.

Impressum:

Copyright © 2010 GRIN Verlag, Open Publishing GmbH
Druck und Bindung: Books on Demand GmbH, Norderstedt Germany
ISBN: 978-3-640-82177-8

Dieses Buch bei GRIN:

http://www.grin.com/de/e-book/166122/state-of-the-art-energiemanagement-in-
der-praxis

GRIN - Your knowledge has value

Der GRIN Verlag publiziert seit 1998 wissenschaftliche Arbeiten von Studenten, Hochschullehrern und anderen Akademikern als eBook und gedrucktes Buch. Die Verlagswebsite www.grin.com ist die ideale Plattform zur Veröffentlichung von Hausarbeiten, Abschlussarbeiten, wissenschaftlichen Aufsätzen, Dissertationen und Fachbüchern.

Besuchen Sie uns im Internet:

http://www.grin.com/

http://www.facebook.com/grincom

http://www.twitter.com/grin_com

Technische Universität Dresden

Fakultät Wirtschaftswissenschaften

Lehrstuhl für Wirtschaftsinformatik,

insbesondere Systementwicklung

State-of-the-Art Energiemanagement in der Praxis

Seminararbeit

Praktikerseminar

Bearbeiter: Roland Althaus

Bearbeitungszeitraum: 23.06.2010 – 15.09.2010

Abstract

Energiemanagement ist die vorausschauende, organisierte und systematische Koordinierung von Beschaffung, Wandlung, Verteilung und Nutzung von Energie zur Deckung der Anforderungen unter Berücksichtigung ökologischer und ökonomischer Zielsetzungen.

Weltweit knapper werdende Ressourcen, steigende Preise, erhöhte Umweltsensibilität verlangen einen effizienteren Einsatz von Energie. Die Einführung von Energiemanagement und die daraus abgeleiteten Maßnahmen sind notwendige Schritte zur Einsparung von endlichen Ressourcen und Energiekosten bei Unternehmen sowie Privatpersonen. Für Unternehmen ist die Energieeffizienz eine zunehmend wichtige Stellschraube zur Kostenreduktion und ist damit auch ein Wettbewerbsfaktor. In einem liberalisierten Elektrizitätsmarkt müssen Nachfrager auf Preisveränderungen andauernd reagieren. Genau hier sollte das Energiemanagement ansetzen, um langfristig einen festen Platz in der Unternehmensstrategie einzunehmen. Das Energiemanagement gerät so zu einem Instrumentarium, um Strompreisspitzen durch verstärkte Nachfragereaktionen zu dämpfen und evtl. Marktversagen zu vermeiden.

Unabhängig von der Unternehmensgröße ist eine strukturierte Analyse des eigenen Energiebedarfs wichtig, da Energie in Zukunft tendenziell immer teurer wird. Modernes Energiemanagement umfasst zu diesem Zweck eine Reihe von Maßnahmen wie Aufzeichnen, Analysieren und Bewerten der Verbräuche mittels moderner Informationssysteme, Ableiten und Realisieren von technischen sowie organisatorischen Optimierungsmaßnahmen bis hin zum Ersatz oder Neubau ganzer Anlagenbereiche. Energiemanagement ist eine Verkettung von vielen Gesichtspunkten und stellt demzufolge in vielen Unternehmen den Ausgangspunkt zur Optimierung der gesamten Prozesskette dar.

Inhaltsverzeichnis

0 Einleitung

Weltweit knapper werdende Ressourcen, steigende Preise, erhöhte Umweltsensibilität verlangen einen effizienteren Einsatz von Energie. Die Einführung von Energiemanagement und die daraus abgeleiteten Maßnahmen sind notwendige Schritte zur Einsparung von endlichen Ressourcen und Energiekosten bei Unternehmen sowie Privatpersonen. Für Unternehmen ist die Energieeffizienz eine zunehmend wichtige Stellschraube zur Kostenreduktion und ist damit auch ein Wettbewerbsfaktor (vgl. [Uter08], S. 2).

Darüber hinaus durchläuft die europäische Energiewirtschaft auf dem Weg von Monopolstrukturen zu wettbewerblichen Märkten seit einigen Jahren einen Reformprozess. Diese Entwicklung hat in vielfältiger Weise Einfluss auf das Energiemanagement. Wie alle Energienachfrager müssen gerade auch Unternehmer erkennen, dass sie unter den neuen Rahmenbedingungen eines liberalisierten Marktes eine aktivere Rolle als Energiekunde spielen müssen, nicht zuletzt um auf die steigenden Energiekosten reagieren zu können. Eine vielversprechende Möglichkeit bietet sich in der effizienten Ausgestaltung des Energiemanagements an (vgl. [Fich07], S. 1-5).

1 Energiemanagement: Begriffsdefinition

Der Begriff des Energiemanagements findet im Bereich Energiewirtschaft und Energietechnik häufig Verwendung. Diese Disziplin ist jedoch mit keiner einheitlichen Definition belegt, was an dem interdisziplinären Charakter des Energiemanagements liegen kann, welche von einer betriebswissenschaftlichen und / oder einer ingenieurswissenschaftlichen Perspektive betrachtet werden kann. In der Literatur finden sich daher verschiedene Herangehensweisen.

Laut UTERMÖHLEN ([Uter08], S. 3) ist „Energiemanagement ein ganzheitlicher Ansatz zur Verbesserung der Effizienz der aufgewendeten Energiemenge im Vergleich zu einem gewünschten Ergebnis an Komfort bzw. Produkten. Dabei umfasst das Energiemanagement die Gesamtheit aller Überlegungen, Planungen und Umsetzungen zu Bedarf, Auswahl, Einrichtung und Betrieb energietechnischer Einrichtungen."

Im WIRTSCHAFTSLEXIKON24.NET wird „Energiemanagement als Gesamtheit aller Aufgaben bezeichnet, die dazu dienen, ein definiertes, abgegrenztes System rationell mit Energie zu bewirtschaften. Unter rationeller Energieverwendung wird dabei - neben dem möglichst sparsamen Umgang mit Energieträgern - im wissenschaftlichen Sinne eine möglichst verlustarme Umwandlung von Energie verstanden."

2 Energiemanagement: Anwendungsgebiete

Um wettbewerbsfähig zu sein müssen sich Unternehmen zwangsläufig mit Energiefragen auseinandersetzen. In der Vergangenheit ging es weitgehend um die klassische Problematik der Beschaffung der Energieträger und der Verwendung in den jeweiligen Anwendungsgebieten. Heute ist das Energiemanagement weitestgehend in das strategische Management eingebunden.

Energieträger	Anwendungsgebiete
Elektrizität	Produktionsstätten
Gas	Hallen
Wärme	Maschinen
Eigene Quellen	Heizung / Lüftung
...	Büros
	Beleuchtung
	Prozesswärme / Kälte
	Steuerung / Regelung
	Transportwesen
	...

Abbildung 1: Energiefluss im Unternehmen

Der Endenergieverbrauch in Deutschland von der Industrie, Gewerbe, Handel, Dienstleistungen (GHD), Haushalte und Verkehr wurde vom Bundesministerium für Wirtschaft und Technologie erfasst und kann nach den folgenden Anwendungsbereichen (siehe Abb. 2) differenziert werden.

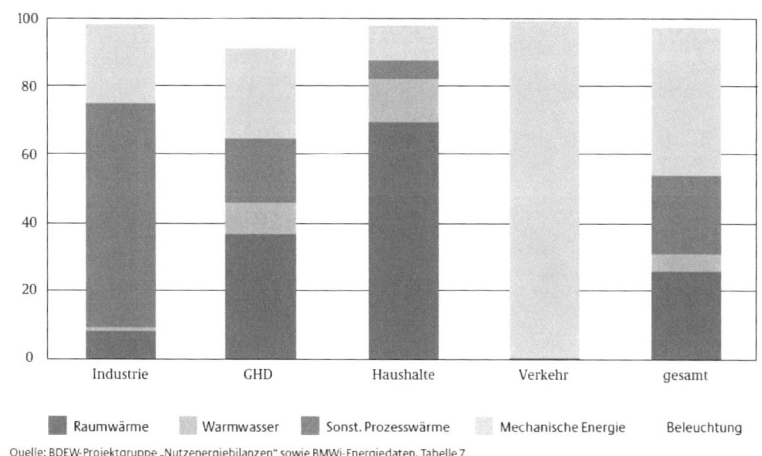

Quelle: BDEW-Projektgruppe „Nutzenergiebilanzen" sowie BMWi-Energiedaten, Tabelle 7

Abbildung 2: Endenergie nach Anwendungsbereichen 2007, in %

Die Anwendung von Energie in den einzelnen Branchen verhält sich sehr unterschiedlich. In der Industrie wird mit Abstand der größte Teil des Energieverbrauchs als Prozesswärme (66%) und zu Antriebszwecken (24%) genutzt. Bei den Haushalten überwiegt die Beheizung von Wohnraum mit einem Anteil von 70% am gesamten Energieverbrauch. Im Verkehrssektor wird fast die gesamte Energie als mechanischer Antrieb gebraucht.

3 Energiemanagement: Verbreitung

Um eine höhere Energieeffizienz zu erzielen ist das Erfassen und Aufzeichnen von Verbrauchsdaten und das Abbilden von Energieströmen im Unternehmen unerlässlich. Wer also Energie einsparen möchte, muss zunächst Transparenz schaffen. Dabei sind alle Energieträger einzubeziehen. Erst wenn sich herausgestellt hat, wo wie viel von welcher Energie verbraucht wird, lassen sich Einsparpotenziale und der zu deren Nutzung erforderliche technische Aufwand abschätzen.

Die Verwendungsstruktur (siehe Abb. 3) von Mineralölprodukten, Erdgas oder Strom kann man als relativ heterogen bezeichnen, wogegen die Lieferungen von Kohle schwerpunktmäßig der Stahlindustrie zugeteilt werden. Dieser Industriezweig gehört mit zu den energieintensivsten Wirtschaftsbereichen und ist wegen der besonderen Produktionsverhältnisse in hohem Maße auf den Einsatz von Steinkohlen und -koks angewiesen. In dem Übrigen Wärmemarkt wird Kohle als Energieträger kaum noch eingesetzt (vgl. [BMWi09], S. 22).

Mineralölprodukte	1990	1995	2000	2005	2008*
Industrie	308	299	199	161	160
Verkehr	2.329	2.556	2.681	2.448	2.390
Handel, Gewerbe	603	550	406	364	269
Haushalte	740	901	779	689	440
Endenergieverbrauch (gesamt)	3.980	4.306	4.065	3.662	3.259
Gase					
Industrie	936	929	972	921	800
Verkehr	0	0	0	0	8
Handel, Gewerbe	301	406	454	529	499
Haushalte	633	925	984	1.052	978
Endenergieverbrauch (gesamt)	1.870	2.260	2.410	2.502	2.285
Kohle[1]					
Industrie	884	490	459	524	577
Verkehr	1	0	0	0	0
Handel, Gewerbe	289	51	23	19	30
Haushalte	428	200	220	228	244
Endenergieverbrauch (gesamt)	1.602	741	702	771	851
Strom					
Industrie	748	685	748	823	818
Verkehr	49	58	57	58	59
Handel, Gewerbe	434	447	504	474	519
Haushalte	422	458	470	509	511
Endenergieverbrauch (gesamt)	1.653	1.648	1.779	1.864	1.907
Übrige[2]					
Industrie	101	70	43	45	44
Verkehr	0	0	12	77	166
Handel, Gewerbe	122	125	91	88	90
Haushalte	160	171	131	131	128
Endenergieverbrauch (gesamt)	383	366	278	341	428

Quelle: Berechnungen von EEFA nach AGEB
[1] inkl. Brennholz und sonstige feste Biomasse
[2] Fernwärme und sonstige Energieträger (z. B. Biokraftstoffe im Verkehr)
*vorläufig, z. T. geschätzt

Abbildung 3: Endenergieverbrauch nach Verbrauchergruppen, in PJ

4 Energiemanagement: Notwendigkeit

Produktionsbetriebe wurden in den meisten Fällen nach Kriterien wie Materialfluss, Wegezeiten, Maschinenauslastungen, Startterminen, etc. geplant. In den seltensten Fällen nach dem Kriterium der rationellen Energieverwendung. Produktionsbetriebe sind daher in der überwiegenden Mehrheit sehr ineffizient gewesen, was die physikalische notwendige Arbeit für die Erzielung eines Ergebnisses mit der tatsächlich angewendeten Arbeit anbetrifft. Energiekosten waren in den meisten Branchen fix. Energie war zwar ein wichtiger, aber kein entscheidender Kostenfaktor. Erst mit den extremen Preissteigerungen seit 2003/2004 ist die Notwendigkeit und die Forderung nach einem effizienten Energiemanagement gestiegen (vgl. [Uter08], S. 1).

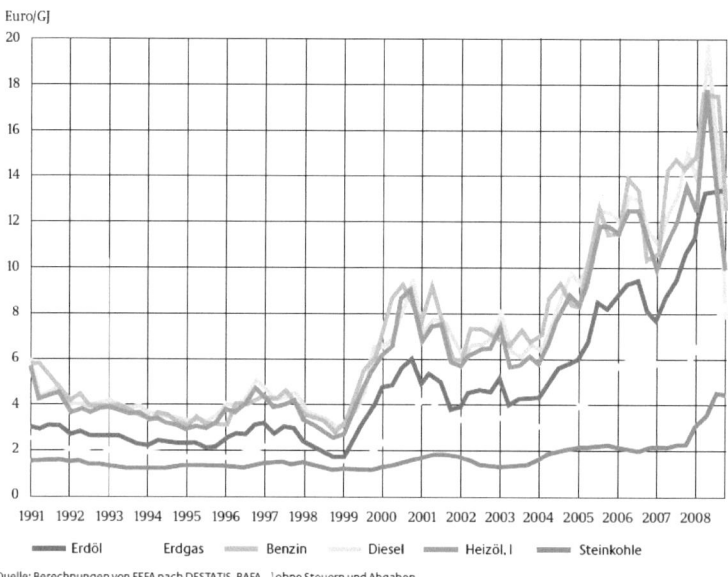

Abbildung 4: Preisentwicklung wichtiger Importenergien

Das Diagramm zeigt die in den letzten Jahren eingetretenen veränderten weltweiten Marktbedingungen von den Importenergieträgern Erdöl, Erdgas, Benzin, Diesel, Heizöl und

Steinkohle. Nach mehr als zehn Jahren verhältnismäßiger Konstanz stiegen die Preise infolge der Weltwirtschaftskrise kräftig an. Der Erdölpreis ist nach wie vor Leitpreis für viele andere Energieprodukte. Ein starker Euro kann den Importpreis verringern, ein schwacher Euro erhöht ihn (vgl. [BMWi09], S. 11-12).

Abbildung 5: Preisentwicklung für Strom an der Leipziger EEX

Die Strompreise werden auf dem Großmarkt an der Leipziger Strombörse EEX festgelegt. Dabei werden die Preise nach den kurzfristigen Grenzkosten der im Erzeugungssystem verfügbaren Kraftwerke gebildet. Die Auswertung der Marktergebnisse zeigen, dass der Großhandelspreis für Strom über alle Lastbereiche gemittelt in den Jahren von 2000 bis 2010 von knapp 20 €/MWh zwischenzeitlich auf 70 €/MWh angestiegen ist. Die wesentlichen Gründe für diesen Preisanstieg liegen in der allgemeinen Zunahme der Brennstoffkosten, aber auch in den Auswirkungen des am 1. Januar 2005 eingeführten Emissionshandels (vgl. [BMWi09], S. 32-33).

Die vorhergehenden Ausführungen verdeutlichen, dass das Energiemanagement nicht nur aus Gründen der Kosteneinsparung im Unternehmen realisiert werden sollte. In einem liberalisierten Elektrizitätsmarkt müssen Nachfrager auf Preisveränderungen andauernd reagieren. Genau hier sollte das Energiemanagement ansetzen, um langfristig einen festen Platz in der Unternehmensstrategie einzunehmen. Das Energiemanagement gerät so zu einem Instrumentarium, um Strompreisspitzen durch verstärkte Nachfragereaktionen zu dämpfen und evtl. Marktversagen zu vermeiden (vgl. [Fich07], S. 10).

5   Zusammenfassung und Ausblick

Unabhängig von der Unternehmensgröße ist eine strukturierte Analyse des eigenen Energiebedarfs wichtig, da Energie in Zukunft tendenziell immer teurer wird. Modernes Energiemanagement umfasst zu diesem Zweck eine Reihe von Maßnahmen wie Aufzeichnen, Analysieren und Bewerten der Verbräuche mittels moderner Informationssysteme, Ableiten und Realisieren von technischen sowie organisatorischen Optimierungsmaßnahmen bis hin zum Ersatz oder Neubau ganzer Anlagenbereiche.

Um alle Potenziale erkennen und bewerten zu können, ist es oftmals nicht ausreichend nur Energiedaten mit geringer zeitlicher Auflösung zu dokumentieren. Die Verwendung der Energieträger ist untrennbar mit einem verfahrenstechnischen Prozess verbunden und erlaubt erst die kollektive Aufzeichnung von Energie- und Prozessdaten mit hoher zeitlicher Auflösung die erforderlichen Detailanalysen, um Optimierungspotenziale im Prozess und in Arbeitsabläufen aufzeigen und bewerten zu können. Energiemanagement ist eine Verkettung von vielen Gesichtspunkten und stellt demzufolge in vielen Unternehmen den Ausgangspunkt zur Optimierung der gesamten Prozesskette dar (vgl. [Fie+01], S.11).

Abbildungsverzeichnis

Abkürzungsverzeichnis

BMWi	Bundesministerium für Wirtschaft und Technologie
etc.	et cetera
evtl.	eventuell
f	folgende
ff	fortfolgende
GHD	Gewerbe, Handel, Dienstleistungen
PJ	Petajoule
u. a.	unter anderem
vgl.	vergleiche
z. B.	zum Beispiel

Literaturverzeichnis

[BMWi09] BUNDESMINISTERIUM FÜR WIRTSCHAFT UND TECHNOLOGIE (2009): *Energie in Deutschland - Trends und Hintergründe zur Energieversorgung in Deutschland;* http://www.energie-verstehen.de/Dateien/Energieportal/PDF/energie-in-deutschland,property=pdf,bereich=energieportal,sprache =de,rwb=true.pdf, Download: 13.09.2010

[Fich07] FICHTNER, W. (2007): *Betriebliches Energiemanagement,* BTU Forschungshefte Energie,   Berlin; http://www.dissertation.de/FDP/9783866242531.pdf, Download: 13.09.2010

[Fie+01] FIEDERER, E.; GUGGEIS, H.; MATHEY, R.; STOLL, M. (2001): *Praxisorientierte Ansätze für erfolgreiches Energiemanagement,* Sonderdruck zur Fachtagung "Betriebliches Energiemanagement" der VDI-Gesellschaft Energietechnik am 6./7.3.2001,   Cottbus; http://www.steinhaus.de/Presse/getcottb.pdf,   Download: 13.09.2010

[Wieb08] WIEBER, EBERHARD (2008): *Aufbau eines betrieblichen Energiemanagements;* http://www.eor.de/fileadmin/eor/docs/aktivitaeten/2008 /EOR_Forum/Vortraege/04_Wieber_Energiemanagements.pdf, Download: 13.09.2010

[Uter08] UTERMÖHLEN, RALF (2008): *Energieeffizienz im Betrieb – Handlungsoptionen für   Unternehmen;* http://www.targetgmbh.de/uploads/media/Utermoehlen_26. 06.08_01.pdf, Download: 13.09.2010

[Wirt10] WIRTSCHAFTSLEXIKON24.NET   (2010):   *Energiemanagement;* http://www.wirtschaftslexikon24.net/d/energiemanagemen t/energiemanagement.htm, Download: 13.09.2010